GROSS AND DISGUSTING THINGS
LES CHOSES REPOUSSANTES ET DÉGOÛTANTES

GROSS AND DISGUSTING ANIMALS

LES ANIMAUX REPOUSSANTS ET DÉGOÛTANTS

A Crabtree Branches Book

Un livre de la collection
Les branches de Crabtree

Julie K. Lundgren

Crabtree Publishing
crabtreebooks.com

School-to-Home Support for Caregivers and Teachers

This high-interest book is designed to motivate striving students with engaging topics while building fluency, vocabulary, and an interest in reading. Here are a few questions and activities to help the reader build upon his or her comprehension skills.

Before Reading:

- What do I think this book is about?
- What do I know about this topic?
- What do I want to learn about this topic?
- Why am I reading this book?

During Reading:

- I wonder why...
- I'm curious to know...
- How is this like something I already know?
- What have I learned so far?

After Reading:

- What was the author trying to teach me?
- What are some details?
- How did the photographs and captions help me understand more?
- Read the book again and look for the vocabulary words.
- What questions do I still have?

Extension Activities:

- What was your favorite part of the book? Write a paragraph on it.
- Draw a picture of your favorite thing you learned from the book.

Soutien de l'école à la maison pour les parents, les gardiens et les enseignants

Ce livre très intéressant est conçu pour motiver les élèves en difficulté d'apprentissage grâce à des sujets captivants, tout en améliorant leur fluidité, leur vocabulaire et leur intérêt pour la lecture. Voici quelques questions et activités pour aider le lecteur ou la lectrice à développer ses capacités de compréhension.

Avant la lecture

- De quoi ce livre parle-t-il?
- Qu'est-ce que je sais sur ce sujet?
- Qu'est-ce que je veux apprendre sur ce sujet?
- Pourquoi je lis ce livre?

Pendant la lecture

- Je me demande pourquoi...
- Je suis curieux de savoir...
- En quoi est-ce semblable à quelque chose que je sais déjà?
- Qu'est-ce que j'ai appris jusqu'à présent?

Après la lecture

- Qu'est-ce que l'auteure veut m'apprendre?
- Nomme quelques détails.
- Comment les photographies et les légendes m'aident-elles à mieux comprendre?
- Lis le livre à nouveau et cherche les mots de vocabulaire.
- Ai-je d'autres questions?

Activités complémentaires

- Quelle est ta section préférée de ce livre? Rédige un paragraphe à ce sujet.
- Fais un dessin représentant l'information que tu as préférée dans ce livre.

TABLE OF CONTENTS

TABLE DES MATIÈRES

DON'T LOOK AWAY

Feeling brave? Discover creatures so gross, disgusting, and amazing, you can't look away. Check out animals with weapons of destruction and death, disgusting defenses, and offspring only a mother could love.

NE DÉTOURNE PAS LE REGARD

Tu te sens courageux? Découvre des créatures si repoussantes, dégoûtantes et incroyables que tu ne peux pas détourner le regard. Jette un coup d'œil à des animaux dotés d'armes destructrices et mortelles, avec des moyens de défense dégoûtants et des rejetons que seule une mère peut aimer.

Sea lampreys attach to other fish and slowly kill them over several months.

Les lamproies se fixent à d'autres poissons et les tuent lentement en plusieurs mois.

Sea lampreys are like vacuums with teeth. They bite and suck blood and juices from victims.
Les lamproies sont comme des aspirateurs avec des dents. Elles mordent et sucent le sang et les jus de leurs victimes.

EEW!
Epic Extreme Weirdness (EEW) exists everywhere!

BEURC!
Les bizarreries épiques ultra repoussantes et choquantes (BEURC) sont partout!

The bird-dung crab spider has a wet look, like a fresh load of poop...

L'araignée Phrynarachne ceylonica se déguise en crotte d'oiseau. Elle peut avoir un aspect humide, comme une crotte fraîche...

... or a dry look, like it's been there a while.

... ou un aspect sec, comme si elle était là depuis un bon moment.

giant swallowtail caterpillar

chenille du grand porte-queue

Predators pass by animals that look like poop. Crud **camouflage** helps poop imposters ambush their prey, too.

Les prédateurs ne remarquent pas les animaux qui ont l'air de crottes. Le **camouflage** en saleté aide aussi les fausses crottes à piéger l eurs proies.

bird poop frog

Theloderma asperum, la grenouille crotte d'oiseau

HORROR SHOW

Disturbing creatures live underwater, underground, and in extreme environments of all kinds. With their fantastically disgusting looks, they could star in monster movies!

UN FILM D'HORREUR

Des créatures troublantes vivent sous l'eau, sous la terre et dans des environnements extrêmes de toutes sortes. Avec leur apparence incroyablement dégoûtante, elles pourraient être les vedettes de films de monstres!

Algae form a living hairstyle atop the Mary River turtle.

Des algues forment une coiffure vivante sur la tête de la tortue de la Mary River.

Decorating with the Dead

After eating its insect prey, a junk bug adds the leftover corpses to the pile on its back.

Ornements mortels

Après avoir mangé ses proies, la larve du lion des pucerons place les restes de cadavres sur son dos.

Speaking of stars, what if you had a nose shaped like a star? The star-nosed mole basically has a hand with 22 fingers attached to its face.

Que dirais-tu d'avoir un nez en forme d'étoile? La taupe à nez étoilé a essentiellement une main à 22 doigts fixée à son visage.

Star-nosed moles tunnel underground, searching for prey by touch and smell in the dark.

La taupe à nez étoilé creuse des tunnels sous terre, cherchant des proies dans le noir avec ses sens du toucher et de l'odorat.

In the Dark

Cave centipedes creep and crawl under cover of darkness.

Dans le noir

Les centipèdes des maisons rampent et se faufilent à la noirceur.

Meet some masters of slime. Sea hares eat **algae** to make **toxic** slime.

Voici quelques maîtres du **mucus.** Les lièvres marins mangent des **algues** pour produire du **mucus toxique.**

Sea hares squirt clouds of purple dye to escape predators.

Les lièvres marins font gicler des nuages de teinture mauve pour se sauver des prédateurs.

Parrotfish sleep inside a bubble of their own snot.

Le poisson perroquet dort dans une bulle de sa propre morve.

Oozy Greatness

Hagfish make buckets of ooze. In 2017, a semi-truck full of live hagfish crashed, coating the road and cars with thick slime and slithering fish.

Une splendeur visqueuse

La myxine produit des litres de mucus visqueux. En 2017, un semi-remorque rempli de myxines vivantes a eu un accident, recouvrant la route et les voitures de mucus épais et de poissons gluants.

DISGUSTING DINING

Which animal is a Monster Chef? Camel spiders chop and slice flesh, flood it with digestive juices, then slurp up the soup.

UN REPAS DÉGOÛTANT

Quel animal est un monstre cuisinier? Les solifuges coupent et tranchent la chair, l'arrosent de sucs digestifs, puis aspirent cette soupe.

Camel spiders, or wind scorpions, use their huge, powerful jaws to saw up prey.

Les solifuges utilisent leur énorme et puissante mâchoire pour scier leurs proies.

Camel spiders eat insects, rodents, and lizards, not people.

Les solifuges mangent des insectes, des rongeurs et des lézards, mais pas des humains.

Craving a warm meal? Cave roaches love to feast on a pile of fresh bat **guano.** If a bat corpse happens to fall in, that only makes it better.

Tu as envie d'un repas chaud? Les coquerelles des cavernes adorent se régaler d'un tas de **guano** de chauve-souris tout frais. Si un cadavre de chauve-souris tombe par hasard, c'est encore meilleur.

Scavengers like cave roaches clean up leftovers.

Les détritivores comme les coquerelles des cavernes nettoient les restes.

EEW!

Imagine spreading your poop around to attract beetles to eat, like the burrowing owl does. Yum?

BEURC!

Imagine étendre tes excréments pour attirer les insectes afin de les manger comme la chevêche des terriers. Miam?

Freaky weapons help animals capture dinner. The aye-aye taps trees with its long middle finger, listening for grubs inside. It uses that same finger to reach deep into the tree to hook and pull out the grub. Knock, knock, creepy crawly!

Des armes bizarres aident les animaux à capturer leur repas. L'aye-aye frappe sur les arbres avec son long majeur et écoute les larves qui se trouvent à l'intérieur. Il utilise ce même doigt qu'il enfonce profondément dans l'arbre pour attraper et extirper les larves. Toc, toc! Il y a quelqu'un?

Aye-ayes are lemurs with fingers like fishing poles.

Les ayes-ayes sont des lémuriens dotés de doigts qui ressemblent à des cannes à pêche.

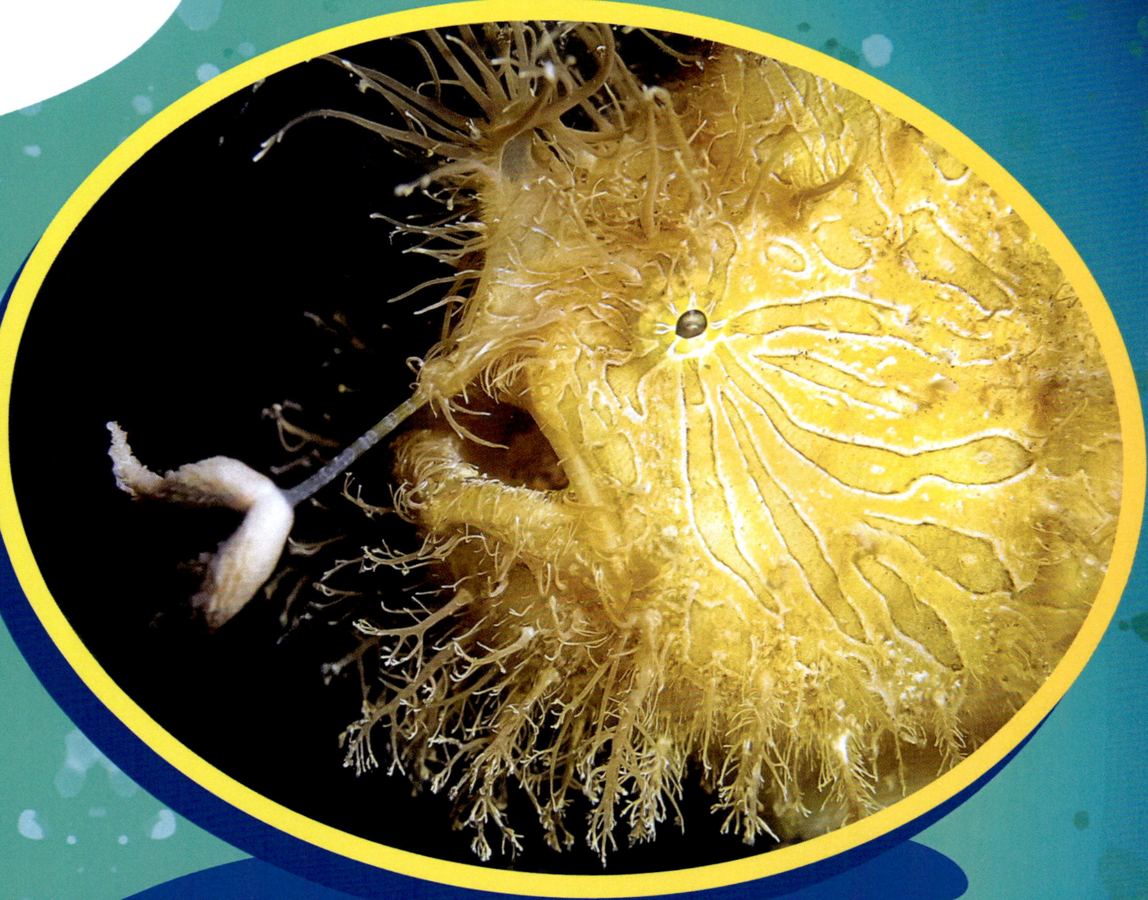

EEW!

To lure prey, the hairy frogfish has a body part sticking out from its forehead that looks like a wiggling, tasty worm.

BEURC!

Pour attirer ses proies, le poisson-grenouille strié est doté d'un organe qui sort de son front et qui ressemble à un vers grouillant et appétissant.

BLOOD, GUTS, AND A GHASTLY STINK

Animal defenses can be insanely gross! Sea cucumbers fart their guts out their butts to scare away predators. Later, they grow new parts.

DU SANG, DES INTESTINS ET UNE ODEUR ABOMINABLE

Les moyens de défense des animaux peuvent être extrêmement dégoûtants! Les concombres de mer éjectent leur intestin par le derrière pour effrayer les prédateurs. Cet organe se régénère plus tard.

To escape predators, some horned lizards spurt streams of blood from their eyes.

Pour fuir les prédateurs, certains lézards cornus font jaillir du sang de leurs yeux.

Some sea cucumbers bomb pesky predators with special sticky organs. The sea cucumbers make more in 2 to 3 weeks.

Certains concombres de mer bombardent les prédateurs de longs filaments collants. Il leur faut 2 à 3 semaines pour régénérer ces organes.

Who is the ultimate butt bomber? The **bombardier** beetle's spray smells and tastes so bad, a toad that eats one will pop its stomach inside out to dump out the beetle.

Qui est l'ultime tireur par les fesses? Le coléoptère **bombardier** projette un liquide qui sent et goûte si mauvais qu'un crapaud qui en mange un se retournera l'estomac pour recracher le coléoptère.

Bombardier beetles rotate their rears to aim and fire off a spray of acid.

Les coléoptères bombardiers peuvent faire pivoter leur derrière pour viser et projeter un liquide acide.

Fulmar chicks spew stinky, harmful fish smoothies at enemies.

L'oisillon du fulmar vomit une bouillie puante et dangereuse en direction de ses ennemis.

Other animals defend by stench, too. **Opossums** poop super smelly green **mucus.** Giant African millipedes make a strong spray that comes out of each segment of their bodies. Clear the room!

D'autres animaux se défendent au moyen de leur odeur nauséabonde. Les **opossums** expulsent un mucus vert super puant par leurs fesses. Les mille-pattes africains produisent une bruine puissante expulsée par chacun des segments de leur corps. Dégagez!

The toxic and stinky spray from giant African millipedes can kill a mouse!

La bruine toxique et nauséabonde des mille-pattes africains peut tuer une souris!

opossum
opossum

GRUESOME OFFSPRING

Ready for more? More is where we're headed next with disgusting animal offspring. Burying beetles lay their eggs in dead mice. The mother beetle eats the mouse, then pukes to feed the hatched **larvae.**

UNE PROGÉNITURE ÉPOUVANTABLE

Tu en veux plus? Tu en auras plus avec ces rejetons dégoûtants. Les scarabées terrassiers pondent leurs œufs dans des souris mortes. La mère scarabée mange la souris, puis vomit pour nourrir les **larves** écloses.

If there isn't enough food to go around, the burying beetle will eat her own larvae.

S'il n'y a pas suffisamment de nourriture pour survivre, le scarabée terrassier mangera ses propres larves.

Major EEW!
The Surinam toad is the original hatchback. The mother toad carries her eggs on her back and they hatch out of her skin.

Énorme BEURC!
La pipa pipa est un crapaud qui transporte ses œufs sur son dos. Ils éclosent sous la peau de la mère.

Of course, poop features in this horror story. Blue bottle flies lay their eggs in dung, corpses, and garbage. The larvae eat their stinky but still nutritious homes.

Évidemment, la crotte fait partie de ce film d'horreur. La mouche bleue de la viande pond ses œufs dans la bouse, les cadavres et les poubelles. Les larves mangent leur maison puante, mais tout de même nutritive.

Scientists use the stage of larvae development to help determine how long a decaying body has been dead.

Les scientifiques examinent le stade de développement des larves pour déterminer depuis combien de temps un corps en décomposition est mort.

What do you think of all this EEW? Animals may be gross and disgusting, but still awesome!

Que penses-tu de toutes ces BEURC? Les animaux peuvent être repoussants et dégoûtants, mais ils sont tout de même géniaux!

Plot Twist!

Epomis beetle larvae look tasty to frogs. However, they latch onto the frog's tongue and inject a toxin that paralyzes and digests the frog.

Revirement de situation!

Les larves du coléoptère Epomis sont appétissantes pour les grenouilles. Cependant, elles éclosent sur la langue de la grenouille et injectent une toxine qui paralyse et digère la grenouille.

GLOSSARY/GLOSSAIRE

algae (AL-jee): Aquatic plants that use sunlight to grow and are eaten by many animals

bombardier (bom-bar-DEER): An expert at aiming and launching bombs

camouflage (KAM-uh-flahzh): Colorations that help animals blend in or pretend to be something else

corpses (KORP-sihz): Dead bodies

guano (GWAH-no): Bat droppings, or poop

larvae (LAR-vee): In insects, the stage of development between egg and adult

mucus (MEW-kuss): Slimy substance produced by animals and humans

opossums (uh-PAH-sumz): Furry nocturnal animals about the size of a cat

paralyzes (PAIR-uh-lye-zihz): Causes an inability to move

toxic (TAHK-sick): Harmful, with the ability to sicken or kill

algues (alg) : Plantes aquatiques qui utilisent la lumière du soleil pour croître et qui sont mangées par de nombreux animaux

bombardier (bon-bar-dié) : Un expert en visée et en tir de bombes

cadavres (ka-davr) : Corps morts

camouflage (ka-mou-flaj) : Couleurs qui aident les animaux à se fondre à leur environnement ou à faire semblant d'être quelque chose d'autre

guano (gou-a-no) : Excréments ou crottes de chauve-souris

larves (larv) : Chez les insectes, le stade de développement entre l'œuf et l'adulte

mucus (mu-kuss) : Substance visqueuse produite par les animaux et les humains

opossums (o-po-ssomme) : Animaux à fourrure nocturnes de la taille d'un chat

paralyse (pa-ra-liz) : Cause une incapacité de bouger

toxique (tok-ssik) : Nocif, avec la capacité de rendre malade ou de tuer

INDEX/INDEX

WEBSITES TO VISIT
SITES WEB À CONSULTER

https://animals.net/nature-is-gross-four-disgusting-habits-of-four-interesting-animals/

https://onekindplanet.org/top-10/top-10-worlds-smelliest-animals/

https://zoo.sandiegozoo.org/animals-plants

ABOUT THE AUTHOR/À PROPOS DE L'AUTEURE

Julie K. Lundgren

Julie K. Lundgren grew up on the north shore of Lake Superior, a place of woods, water, and adventure. She loves bees, dragonflies, old trees, and science and has a special place in her heart for disgustingly cool animals. Her interests led her to a degree in biology and a lifelong curiosity about wild places.

Julie K. Lundgren a grandi sur la rive nord du lac Supérieur, un endroit qui regorge de bois, d'eau et d'aventures. Elle adore les abeilles, les libellules, les vieux arbres et la science. Elle a une place spéciale dans son cœur pour les animaux dégoûtants et intéressants. Ses intérêts l'ont menée vers un diplôme en biologie et une curiosité sans bornes pour les lieux sauvages.

Crabtree Publishing

crabtreebooks.com 800-387-7650

Written by/Auteure : Julie K. Lundgren
Designed by/Conception : Jennifer Dydyk
Edited by/Révision : Tracy Nelson Maurer
Proofreader/Correctrice : Melissa Boyce
Translation/Traduction : Annie Evearts

Hardcover: 978-1-0398-6997-4
Paperback: 978-1-0398-6985-1
Ebook (pdf): 978-1-0398-7009-3
Epub: 978-1-0398-7021-5

Printed in Canada/ Imprimé au Canada

Published in Canada
Publié au Canada
Crabtree Publishing
616 Welland Ave.
St. Catharines, Ontario
L2M 5V6

Published in the United States
Publié aux États-Unis
Crabtree Publishing
347 Fifth Avenue,
Suite 1402-145
New York, NY, 10016

Photographs: Cover photo © Laura Dts, cover splat art on cover and throughout © SpicyTruffel, page 4 © Nicolas Primola, page 5 (top) © Gena Melendrez, (bottom) © Olga_Serova, page 6 (top) © Pong Wira, (bottom) © Alen thien, page 7 (top) © Brian Magnier, (bottom) © Rosa Jay, page 8 © Rob D the Baker, page 9 © SIMON SHIM, page 10 (top) © VetraKori, (bottom) © Agnieszka Bacal, page 11 © CPbackpacker, page 12 (top) © scubaluna, page 13 (bottom) © Liliya Butenko, page 14 and page 15 (top © Dr.MYM, page 15 (bottom) © Ondrej Michalek, page 16 © lanaid12, page 17 (top) © Maximillian cabinet, (bottom) © Don Mammoser, page 18 © Dan Tiego, page 19 © Jack PhotoWarp, page 20 © Richard Whitcombe, page 21 (top) © Milan Zygmunt, illustration © Sergey Mikhaylov, (bottom photo) © Ethan Daniels, page 22 photo © THE PICTURE RESEARCHER, slime illustration © Arcady, page 23 (top) photo © By KASIRA SUDA, illustration inside inset © Blue Door Education, SPLAT illustration © ByeByeSSTK, (bottom) photo © Nick Pecker, page 24 photo © Wandel Guides, illustration © ianlusung, page 25 © Lisa Hagan, opossum illustration © Bistraffic, poop illustration © Arcady, page 26 © Tobyphotos, page 27 (top) © Dan Olsen, (bottom) © Jason Patrick Ross, page 28 (top) © Avaniks, (center) © Be Shearer, (bottom) © Ton Bangkeaw. All images from Shutterstock.com except page12 parrotfish © Igor Cristino Silva Cruz (Wikipedia) https://creativecommons.org/licenses/by-sa/4.0/deed.en, page 13 Scientists photo courtesy of NOAA, page 29 © Wizen G, Gasith A https://creativecommons.org/licenses/by/3.0/deed.en

Library and Archives Canada
Cataloguing in Publication
Available at the Library and Archives Canada

Library of Congress
Cataloging-in-Publication Data
Available at the Library of Congress